Gabriele Zinn

Gute Besserung!

auf Nordhessisch

Wartberg Verlag

Impressum

Bildnachweis:
S. 29, 37, 43, 47 von ullstein bild, alle übrigen Bilder von Gabriele Zinn.
Titelbild: ullstein bild

1. Auflage 2009

Gestaltung: Schneider Professionell Design, Schlüchtern-Elm
Druck und Bindung: Uhl, Radolfzell

34281 Gudensberg-Gleichen · Im Wiesental 1
Telefon: 05603/93050 · www.wartberg-verlag.de

ISBN: 978-3-8313-2083-7

Der Hollerstrauch

Ein knochiger Strauch mit rauer Schale,
begrüßt dich am Tag viele Male.
Früher zog man in Ehrfurcht vor ihm den Hut,
doch heute das kein Mensch mehr tut.
Aus Ästen kann man Rasseln und Pfeifen schnitzen,
jeder Junge musste einst so was besitzen.

Harntreibend, bei Magen– und Rheumabeschwerden, sogar bei Gicht,
vielen er innerlich Hilfe verspricht.
Als Färbemittel, man kann es nicht glauben,
der Haut in Cremes, die Fältchen kann rauben.

Die Geschichten erzählen, dass er Haus und Hof bewacht,
beschädigt man ihn, kommt Unheil über Nacht.
So wird's überliefert und wird er gebeten,
lässt er immer mit sich reden,
drum sehe ich ihn als guten Freund,
der jahraus, jahrein, es gut mit uns meint.

Gänsewein

Kurz nach dem Zweiten Weltkrieg, als man mit selbst erzeugten Lebensmitteln haushalten musste, war jeder sehr erfinderisch!

Als Kinder mussten wir immer Gänse hüten. Dazu wurden alle Gänse der umliegenden kleinen Höfe zusammengetrieben und an den Graben in Trockenerfurth gebracht. Der Graben war einen Kilometer lang und 25 Meter breit. Ein Wolkenbruch hatte Ende des 18. Jahrhunderts eine tiefe und breite Schneise gerissen. Bäume waren zur Befestigung angepflanzt worden.

Hier wuchsen durch die Feuchtigkeit frisches Gras und Brennnesseln, ein ideales Gänsefutter.
Im Sommer machten die Ziegenbauern auch dort ihr Heu. Wir Kinder konnten hier ungestört spielen und toben. Das machte natürlich durstig. So gab uns eine ältere Bauersfrau immer eine Blechkanne so genannten Gänseweins mit auf den Weg. Ein göttliches Getränk, welches mit dem heutigen Sprudelwasser, aber nichts zu tun hat. In der Blechkanne blieb die Flüssigkeit lange kühl, zumal wir sie noch in eine schattige Wasserrinne stellten.

Und so wird der Gänsewein hergestellt:
Mischen Sie Leitungs- oder Brunnenwasser mit Natron und Zucker nach Geschmack. Für die Säure gab man früher etwas Essig hinzu, später Zitronensaft.

Der Röhrenklump

1920 begann man in Nordhessen mit dem Kohleabbau. Viele Bergleute aus Mitteldeutschland fanden in der Gegend um Borken Arbeit und siedelten sich an. Damit waren wir kein reines Bauerndorf mehr.

So kamen auch neue Bräuche und Rezepte in Umlauf. Die Gerichte mussten nahrhaft sein, gut schmekken und wenig kosten.

Kartoffeln, Speck und Eier hatte fast jeder in Haus und Hof.

Hier ein einfaches Rezept:
Das Gericht enthält die Vitamine A, B, C, D, E, 72 % Wasser, wenig Fett sowie den Kraftspender Stärke, je nach Kartoffelsorte 10-24 %.
Lässt man den Speck weg, ist es auch bei Vegetariern beliebt.

Zutaten:
1,5 kg Kartoffeln, 2 Zwiebeln, 1 Knoblauchzehe, 2 Eier, 8 EL Haferflocken, Salz, etwas Rüböl (Rippenspeck nach Belieben), Paniermehl, etwas Milch

Zubereitung:
Kartoffeln schälen, reiben und im Sieb abtropfen lassen. Zu der Masse Zwiebeln reiben, Knoblauch pressen und mit Eiern und Haferflocken zu der Masse geben. Alles mit Salz abschmecken. Wenn der Teig zu fest ist, Milch hinzugeben. Rüböl und Rippenspeck in einer Kasserolle anbraten und die Kartoffelmasse dazu geben, kräftig rühren. Oben evtl. mit Speck und Paniermehl abdecken und eine Stunde bei 200 °C garen.

Dazu schmeckt Apfelmus oder Heidelbeerkompott.

Das Johanniskraut (auch Hartheu genannt)

Das Johanniskraut steht zu Johanni, am 24. Juni, in voller Blüte. Dieser Tag ist Johannes dem Täufers gewidmet.
Pflanzen, die an Johanni gesammelt werden, sollen besondere Heil- und Zauberkraft besitzen.

Ein Kräuterstrauß, der mindestens sieben Kräuter umfasst, wovon eines das Johanniskraut ist, wird noch heute am 15. August zu Maria Himmelfahrt in verschiedenen Kirchen gesegnet. Der Strauß wird an einem Ehrenplatz im Haus aufbewahrt und die getrockneten Kräuter bei Krankheit in Haus und Hof dem Essen und Trinken beigemischt.

Früher glaubte man, dass Krankheiten und Geburten Angriffe des Teufels seien. Um Unheil abzuwehren, legte man Johanniskraut unter Kissen und Matratze.
Eine Frau, die den Verführungen des Teufels schon fast erlegen war, setzte sich aus Verzweiflung auf eine Johannisstaude. Voller Zorn ließ er von ihr ab und schrie: „Hartheu, du verfluchtes Kraut, du hast geraubt mir meine Braut!“ – so die Legende.

Johanniskraut ist auch eine beliebte Färberpflanze, sie ergibt einen rötlich-orange-braunen Farbton.

Ein Auszug in Alkohol (70 %, verdünnt auf 17 %) hilft bei vegetativen Störungen, Depressionen, Verstimmungen, Angst und Unruhe, einer in Öl (in gutem Olivenöl beispielsweise) bei Verdauungsstörungen und als Salbengrundlage bei Verbrennungen und Verletzungen.

Rotölrezept

Blüten, am späten Vormittag gesammelt, wenn es nicht mehr feucht ist, anstoßen und in eine Flasche geben. Mit sehr gutem Öl ansetzen und 4–6 Wochen auf der Fensterbank ausziehen lassen, abseihen und kühl und dunkel aufbewahren.

Lass Blumen sprechen

Lass Blumen sprechen

Was soll's im Leben Schöneres geben,
als Blumensprache zu erleben.
Auch Kräutertugend nicht zu verschweigen,
mit einem Vers will ich's euch zeigen.

Das Veilchen in Bescheidenheit,
der Kerbel in Aufrichtigkeit
und mutig stets der Borretsch ist,
wenn er vom Glück des Majorans geküsst.
Die Weisheit Minze offenbart,
Beständigkeit die Kapuzinerkresse bewahrt.
Der Fenchel stets in Schmeichelei,
Weinraut`s Anmut schweigt dabei.

Nun merkt: nicht alle Kräuter und Blumen brechen,
zu Nachbarn und Freunden mal durch die Blume sprechen.

Von den Kräutern

Von den Kräutern

Besonders wusste Kneipp zu lehren,
Heilpflanzen wieder hoch zu ehren.
(...)
Von der Agave bis zum Zinnkraut
weiß er genau, was richtig hinhaut,
sei's, dass die zärtlichen Kamillen
als Tee, als Umschlag Schmerzen stillen,
sei's, dass als wirksam sich erweist
der gute, alte Kampfergeist.
(...)
Preist, weil wir Dank ihm schulden, laut
das bittre Tausendguldenkraut!
Ja, wär' mir hier mehr Platz gegönnt,
noch viele ich Euch schildern könnt –
nicht übertrieben: zwei, drei Dutzend.
Nach seiner Vorschrift sie benutzend,
sind – ausgenommen nur der Tod –
gefeit wir wider alle Not.

(Eugen Roth 1895–1976)

Der Kneipp-Gesundheitshof

Der Kneipp-Gesundheitshof

Unser Kneipp-Gesundheitshof wurde im September 2003 durch den Kneipp-Bund Bad Wörishofen seiner Bestimmung übergeben. Ab da durften wir uns vom „Kneipp-Bund anerkannter Gesundheitshof" nennen. Dazu gehören viele Voraussetzungen: ein Nassbereich mit Wassertretbecken, normale Abdusche sowie kalte Dusche, Arm- und Fußwannen, Sauna und Ruhebereich. Im Außenbereich befindet sich ein Armbecken aus Sandstein. Er stammt aus unserem Pferdestall und wurde einst als Futtertrog verwendet.

Unsere Gäste, die am Hof Urlaub machen, nehmen die Gesundheitseinrichtungen gern an. Einheimische sowie Wandergruppen, die um den Borkener See im Naturschutzgebiet wandern, können sich bei uns erfrischen, z. B. bei einem kalten Armbad: Am besten wirkt es am frühen Nachmittag, wenn man ein kleines Tief verspürt. Kneipp nannte es „die Tasse Kaffee des Kneippjaners": Die Hände sollten nicht kalt sein. Die Arme etwa für dreißig Sekunden bis zehn Zentimeter über dem Ellenbogengelenk eintauchen, dann Arme und Hände abstreifen, nicht abtrocknen, sondern durch schwingende Bewegungen und Luftzirkulation die Erfrischung herbeiführen. Ein kaltes Armbad erfrischt, ist anregend ohne aufzuregen, beruhigt die Herzfrequenz und wirkt gegen Müdigkeit, körperliche und geistige Erschöpfung, Herzjagen ohne organische Herzkrankheit und den so genannten „Tennisarm". Ein hoher Blutdruck wird gesenkt, ein niedriger wird angehoben, außerdem wirkt es schlaffördernd.

Beim Durchstreifen der nordhessischen Landschaft Ruhe und Erholung finden.

Unser Heilpflanzengarten

Unser Heilpflanzengarten

Zu Beginn haben wir Heilpflanzen und Kräuter nach Standortverträglichkeit um unser Kneipp-Haus angepflanzt, ebenso Gehölze aus unserem nordhessischen Raum, aufgelockert durch viel Holz mit Sitzecken und Ruhebänken.

Sand sowie Steine sammelten wir zum Einfriedigen der Pflanzanlage im Feld.

Es sollte aus unserer Gegend stammen und zum Fachwerkhaus passen. Nach zwei Jahren stellte sich heraus, dass wir eine größere Fläche benötigen.

So wurde ein Drittel unseres Gemüsegartens umfunktioniert. Hier entstanden Kräuterbeete, geordnet nach Krankheitsbild und Indikation.

Eine Beschilderung „Niere“, „Blase“, „Magen/Darm“, usw. weist den Besuchern den Weg.

So können Gäste, Wanderer und Radfahrgruppen auch allein durch den Heilpflanzengarten gehen.

Der Heilpflanzengarten umfasst 180 Pflanzen. Es finden nach Anmeldung fachkundige Führungen von Gruppen ab zehn Personen statt. Hier können viele Fragen gestellt und beantwortet werden.

Gänseblümchen

Gänseblümchen licht und fein,
sollst heute meine Freundin sein,
von Frühjahr bis Herbst auf Wiesen steh'n,
wie bist Du herrlich anzuseh'n.

Ein Wurzelstock kompakt und kraus,
lugt verschmitzt aus dem Gras heraus.
Grüner Stengel, schmal, nicht groß,
wiegt sich im Winde ganz famos.

Küsst dich die Sonne am frühen Morgen,
fühlst du dich wohl, richtig geborgen.
Bis sie am Abend schlafen geht,
es immer sich nach ihr dreht.

Die Kinder, die sind hocherfreut,
machen Kränze und Ketten aus deinem Kleid.
Als Orakel fragt man dich,
liebt er mich oder liebt er mich nicht.

Alle lieben dich weit und breit,
komm wieder zu uns in der Frühlingszeit.

Dillings Ruh

Die Hardt in Nordhessen – hier wurde im Winter Holz geschlagen und gejagt, im Sommer Heidelbeeren gepflückt und so manches mehr.
Man erreicht sie über einen befestigten Weg, die so genannte Lemper. Dort befindet sich eine ca. 150 Jahre alte Eiche.

Unterhalb der Eiche hatte Bauer Dilling zu Beginn des letzten Jahrhunderts ein Stück Land, das sehr verunkrautet war. Da es noch keine Maschinen gab, musste man noch viel von Hand erledigen. Dieser Bauer wollte aber mittags nicht den zwei Kilometer langen Fußweg zum Ort zurücklegen und kam auf die Idee, sich sein Mittagessen in einem großen Sprinkorb (geflochtener Weidenkorb) mit aufs Feld zu nehmen. Als es Mittag wurde, suchte er sich ein schattiges Plätzchen. Unter der Eiche, packte er die Mahlzeit aus und freute sich der schönen Aussicht. Die harte Arbeit und der volle Magen hatten ihn müde gemacht, sodass er sich in den Korb setzte und einschlief.

Was er nicht bedacht hatte: Zum Feld hin war das Land etwas abschüssig. So gab es ein unsanftes Erwachen, als der Korb plötzlich umkippte. Der Bauer erschrak und nahm diesen „Weckruf“ als Mahnung.

Er begab sich wieder an seine Arbeit. Von diesem Zeitpunkt an, nannte man das schöne Fleckchen Erde, wo der Bauer geruht hatte, „Dillings Ruh“.

Heute befindet sich unter der Eiche eine Holzbank, auf der man die schöne Aussicht genießen kann.

Nicht nur mit den Augen sehen!

Es ist einfach mit den Augen zu sehen,
doch versuche barfuß auf der Erde zu gehen.

Du sollst dich gar nicht zieren,
musst es einfach ausprobieren.

Fang einmal mit einem Wegrand an,
ein wenig holperig, du gewöhnst dich dran.

Mit der Fußsohle und den Zehen
kannst du Unebenheiten und Halme erspähen.

Wenn's geht, auch mal die Augen schließen,
so wirst du alles voll genießen.

Gehst du dann durch taufeuchtes Gras,
macht es richtig viel Spaß.

Moosflächen sind wohltuend weich,
du denkst, du wärst im Himmelreich.

Matschwege gehen nach einem Regen,
bringen dem Körper besonderen Segen.

Erinnerung an Kindheitstage,
sofort sind sie da, gar keine Frage.

Jetzt kommt ein Bach, welch eine Wonne,
Abkühlung, Erfrischung: dann in die Sonne.

Abstreifen und Bewegen heißt die Devise,
am Bachrand oder auf einer Wiese.

Dann leg dich hin oder setz dich nieder
und strecke aus deine Glieder.

Der Körper dankt Dir, wie noch nie,
du hast deine eigene Reflexzonen–Therapie.

Und du wirst Dir jetzt eingesteh'n,
man muss nicht nur mit den Augen sehn.

Das Schatzkraut

Das Schatzkraut

Unterhalb des Dorfes (ein Teil des jetzigen Borkener Sees) hatte jeder Bauer kleinere oder größere Streifen Land.

Da es dort sehr feucht war, hatte man die Ländereien meist mit Gras eingesät. Diese Gemarkung nannte man den Wiesengrund. Hier wurden Heu, Grummet und Luzerne als Rindviehfutter gemacht.

So geschah es, dass die Knechte und Mägde tagelang beschäftigt waren, um das Futter einzufahren. Mit großen Rechen wendeten sie das Gras, sodass es trocknen konnte.

Sie blieben oft zur Mittagszeit im Feld. Deshalb musste das Essen in Körben von einer Magd des Hofes dorthin gebracht werden.

Sie war ein wenig schüchtern und leichtgläubig. Die anderen Knechte und Mägde machten sich immer lustig über sie.

Eines Tages hatten sie einen Strauß weißen Mauerpfeffer, Schatzkraut genannt, gepflückt, den sie ihr am Oberarm befestigten.
Man sagte ihr: „Der erste Mann, der dir auf dem Heimweg begegnet, der wird dein Ehemann."

Voller Vorfreude begab sie sich auf den Heimweg. Als sie die Bahnunterführung durchschritt, kam ihr ein alter Witwer entgegen, der hatte im Dorf kein gutes Ansehen und war ein wundersamer Kauz. Sie bekam einen Schreck, riss sich das Schatzkraut vom Oberarm und lief so schnell sie konnte ins Dorf.

Der Witwer wusste sich auf dieses Verhalten keinen Reim zu machen.

Am Abend fragten die Knechte: „Mariechen, hast du deinen Allerliebsten gesehen?“

Sie weinte bitterlich und sagte: „Ich will nie, nie mehr ans Heiraten denken.“

Das Schatzkraut hatte ihr leider kein Glück gebracht.

Das Riewebörnchen

Das Riewebörnchen

Im vorigen Jahrhundert gab es in den nordhessischen Dörfern viele Hausbrunnen. In Nassenerfurth, wie der Name schon aussagt, waren es einige mehr.

Diese Brunnen und Quellen nannte man auch Born. Heute befindet sich im Nachbarort Trockenerfurth nur noch der Wiegeborn, der auch wieder Wasser führt.

Diese Brunnen wurden meist durch Quellen gespeist, die es in großer Zahl gab. So befand sich in einem nahe gelegenen Wiesengrund eine Quelle, die mit Feldsteinen eingefasst war. Jeder Feldarbeiter hatte am Hosengürtel ein Käppchen (Blechtasse) und konnte so immer frisches Quellwasser schöpfen.

Diese Quelle nannte man auch das Riewebörnchen, womit es folgende Bewandtnis hat:

Wenn im Dorf eine Geburt bevorstand und die Kinder fragten, wo denn die kleinen Babys herkommen, so sagte die Mutter: „Vater geht zum Riewebörnchen und holt ein kleines Geschwisterchen."
So wurden früher im Raum Borken die Kinder gemacht.

Abschalten, den Alltag vergessen beim Spaziergang durch die nordhessische Landschaft.

Im Bruchfeld

Im Bruchfeld

Vor ein paar Jahren bin ich sonntags einmal in das sogenannte Bruchfeld, die alte Straße nach Borken, gegangen.

Als ich Kind war, befanden sich dort Holzhäuser, in denen Grubenarbeiter mit ihren Familien wohnten. Hier spielte ich gern mit Schulkameraden. Es gab dort einen wunderschön gepflasterter Platz mit einem großem Gebäude, in dem sich der Grubensaal befand, wo viele Veranstaltungen abgehalten wurden. Auch die Wachkaue, die Werkstatt und das Sägewerk der Preußen-Elektra waren dort zu finden.

Oberhalb der Anlage war unser alter Sportplatz. Vor und während des Zweiten Weltkriegs hatten sich an dieser Stelle ein Bunker und ein Braunkohle-Förderturm befunden. Wo früher Aschegekippt wurde, ist heute eine rekultivierte Fläche mit einem Fußballplatz, einer Grillhütte und zahlreichen Bäumen, Sträuchern und Hecken.

Als ich an jenem Sonntag plötzlich auf „meinen" alten Platz stand, kamen viele schöne Erinnerungen auf.

Er ist heute über und über mit Bärlauch, dem wilden Knoblauch, dem antibakterielle und antivirale Eigenschaften zugeschrieben werden, bewachsen.

So hilft sich die Natur immer wieder selbst, plötzlich kommt aus einem verwahrlosten Boden neues Leben.

Bärlauch-Pesto

Zutaten:
40 g Bärlauch
1 EL Hartkäse
1 EL Parmesan
Salz
2 zerdrückte Knoblauchzehen
40 g Nüsse (in der trockenen Pfanne geröstet)

Zubereitung:
Alle Zutaten im Mörser oder Mixer mit Oliven-Öl pürieren, dann in Gläser füllen und oben eine ca. 1cm dicke Schicht Öl geben. So „versiegelt“, ist das Pesto im Kühlschrank vier Wochen haltbar.

Die fliegende Anna

In Haus und Hof mussten bis zur Heirat alle Familienmitglieder fest mitarbeiten. Das war in Nordhessen nicht anders als anderswo.
Eine der Schwestern namens Anna war klein, zierlich und häufig krank.

Für die Feldarbeit war sie zu schwach, brachte aber immer das Essen und Trinken ins Feld.

So geschah es auch an einem Tag, als alle mit dem Heuen beschäftigt waren.

Die Schwestern und Mägde saßen am Wegrand und aßen. Die schmächtige Anna wollte nicht untätig sein, nahm den Holzrechen und machte sich derweil nützlich. In dem Moment kam ein Sturm auf. Eine Böe erfasste Anna und nahm sie einige Meter mit in die Höhe. Nur Sekunden später landete sie unsanft auf der Wiese. Die Umstehenden waren furchtbar erschrocken und kümmerten sich sofort um sie.

Anna hatte Glück gehabt, außer blauen Flecken und Prellungen ging es ihr gut.

Diese wurden zu Hause mit Beinwell und essigsauren Tonerde-Umschlägen behandelt. Danach arbeitete Anna nur noch auf dem Hof.

Kräuter-Schlafkissen

Aus Leinen oder Baumwolle eine kleine Kissenhülle nähen. Die getrockneten Kräuter einfüllen und das Kissen zunähen. Die getrockneten Kräuter können zuvor selbst gesammelt und getrocknet werden, sind aber auch in jeder der Apotheke erhältlich:

25 g Lavendelblüten
25 g Hopfenzapfen
10 g Johanniskraut
10 g Melisseblätter

Das Kräuterkissen vor dem Einschlafen unter den Kopf oder auf die Brust legen. Durch die Körperwärme werden die Wirkstoffe aktiviert.

Wer Baldrian mag, hier eine alternative Kissenfüllung:

25 g Hopfenzapfen
25 g Lavendelblüten
10 g Baldrianwurzel
10 g Thymiankraut

Auch sanfte Heilmittel können hilfreich sein, man braucht nur ein wenig Geduld.

Kräuter-Rätsel
Kräuter-Rätsel

Wer bin ich, hab' ich doch schweren Stand,
auch Wiesenlattich und Kuhblume werd' ich genannt.

Ich stehe fest auf Wiese und Rain
und würde gern die Größte sein.

Meine Wurzel reicht 30 cm in die Erde,
damit ich im Wind nicht abknicken werde.

Mein Blatt ist gezahnt, länglich bis spitz,
mit vielen Freunden hab' ich dort meinen Sitz.

Hab' einen hohlen Stiel bis zur Blüte,
mit weißem Saft, ganz voller Güte.

Mein Kopf, der leuchtet im Sonnenschein
weit in die große Welt hinein.

Und bin ich verblüht, kommen Kinder daher!
Sie pusten – dann fliegen Schirmchen kreuz und quer.

Noch ein Name ist mir bekannt,
Bettpisser werd' ich auch manchmal genannt.

Meine Bitterstoffe, nur wenn ich jung,
bringen den Stoffwechsel in Schwung.

Kommt Ihr jetzt drauf, es ist nicht schwer,
nun sagt mir, – wer bin ich, – wer?

Auflösung auf Seite 47

Vom Spitzwegerich

Anfang des vorigen Jahrhunderts, als noch die Halmfrucht (Gerste, Korn, Weizen) mit der Sichel oder Sense angemäht wurde, passierte es oft, dass man sich verletzte. Aber wo sollte man jetzt Pflaster oder einen Verband hernehmen?

Man ging stattdessen einfach an einen Grasweg, denn dort gab es Spitz-, mittleren- und Breitwegerich, riss ein oder mehrere Blätter ab, rieb den Staub ab und rubbelte sie zwischen den Fingern bis der Saft austrat. Dieses Blatt wickelte man um die verletzte Stelle und befestigte es mit einem „Schnuppstück" (Taschentuch). Am besten ließ sich der Spitzwegerich wickeln, da er lange Blätter hat.
Wenn man abends vom Feld kam, spürte derjenige fast nichts mehr, denn der Spitzwegerich-Saft hatte die Wunde desinfiziert und verschlossen.

Er beinhaltet: Schleim, Gerbstoffe, Kieselsäure, wirkt adstringierend und Blut stillend. In der Küche eignet er sich als Salatwürze oder Kräutergemüse. Der Frischsaft dient der Blutreinigung, zum Beispiel bei einer Frühjahrskur. In einer Salbe verarbeitet, unterstützt der Spitzwegerich die Wundheilung bei Verletzungen und Insektenstichen.

Als Hustenmittel für Kinder ist er besonders gut geeignet.

Dass man früher Blätter in die Schuhe legte, um vor Blasen geschützt zu sein, war allerdings nur Aberglaube.

Spitzwegerich-Sirup

Zwei bis drei Hände voll saubere Spitzwegerich-Blätter hacken, mit 1/8 l Wasser in einem Topf erhitzen und 15 Minuten ziehen lassen.

Wenn der Sud abgekühlt ist, 300 g Honig dazugeben und rühren, bis ein Sirup entsteht. Diesen 24 Stunden an einem warmen Ort ziehen lassen. Dann kurz erwärmen (nicht zu heiß), abseihen und in Gläser füllen.

Davon drei Mal täglich ein Teelöffel eingenommen, hilft bei festsitzendem Husten

Eine schnelle, Husten lindernde Variante: 4 EL fein geschnittener Spitzwegerich mit 4 EL Honig verrühren. Von dieser Honigpaste einen Teelöffel im Mund zergehen lassen und den Spitzwegerich gut kauen.

Zahnpflege anno dazumal

Zahnpflege anno dazumal

Man kennt sie seit 2000 Jahren, die Pfefferminze. Ende 1600 wurde die echte Englische Minze entdeckt, sie hat den höchsten Anteil an ätherischen Ölen. Insgesamt gibt ca. 300 Minze-Arten.
War sie früher ein Exot, wächst sie heute, auch in Nordhessen, an jeder Ecke und findet vielseitig Verwendung.

Der Lippenblütler hat vierkantige Stengel und trägt im Juli und August ährenartige blau-rosa Blüten.
Am besten schneidet man sie in den Vormittagsstunden, da dann der Gehalt an ätherischen Ölen am höchsten ist. Man kann sie frisch und getrocknet verwenden. Jährlich werden ca. 1000 Tonnen verarbeitet.

Wer sie im Garten oder Blumentopf selbst ziehen möchte, sollte beachten, dass Minze am besten an einem luftigen, halbschattigen Ort gedeiht. Die Vermehrung gelingt nur durch Ableger, da sie keine Samen produziert. Alle drei Jahre sollte die Minze umgepflanzt werden, da sie sonst an Aroma verliert.

Sie eignet sich zum Bereiten von Tees (auch in Kombination mit ande-

ren Kräutern), durchblutungsfördernden Tinkturen und Ölen. In der Küche verwendet, verstärkt sie den Geschmack der Gerichte und macht diese bekömmlicher.
In Zeiten, als man noch keine Zahnpasta kannte, wurde sie auch zur Zahnpflege eingesetzt.

Pfefferminz-Zahnpulver

2 Teile Schlämmkreide
2 Teile Milchpulver
1 Teil Salbei
1 Teil Pfefferminz

Alle Zutaten im Mörser zerstoßen und sorgfältig mischen. Dann die feuchte Zahnbürste in das Pulver eintauchen.

Auflösung des Kräuterrätsels
von Seite 40/41: Löwenzahn